RÈGLES

Invariables

SUR LA

Transposition Musicale

PAR

ÉMILE BOURDEAU

PRIX 3f NET

à Paris, chez HEU, Éditeur de Musique,
10, rue de la Chaussée d'Antin.

Déposé selon les traités internationaux. 1861   Propriété pour tous les pays.

PRÉFACE.

La transposition a toujours été reconnue comme étant très difficile, il n'en pouvait être différemment puisque jusqu'à présent les traités spéciaux n'ont pû a cause des nombreuses exceptions qui suivaient les règles indiquées, ou à cause du nombre de ces règles, porter un grand jour sur cette partie si ténébreuse de la musique.

Un travail assidu m'a fait, je le crois, découvrir le principe qui sert de base à toutes les transpositions quelque difficiles qu'elles soient.

Les artistes savent comme moi qu'elle est l'importance de la transposition, en effet, qui ne s'est senti troublé à la vue d'un morceau à transposer, (en déchiffrant) lequel morceau je suppose, changeait de tonalité plusieurs fois, on a eu d'abord la préoccupation des changements de ton, puis les signes accidentels qui souvent placés inutilement déroutaient complétement.

Le principe que j'expose aujourd'hui, permet à l'artiste qui transpose de braver les enharmoniques, les changements de ton et les signes accidentels placés inutilement.

Je ne parlerai ni des intervalles, ni des clefs, je renvoie donc au solfége, les personnes qui ont oublié ou qui ne connaissent pas ces principes élémentaires.

Ce petit traité est divisé en trois parties; la première partie comprend la transposition par les demi-tons chromatiques; la deuxième partie donne l'explication de la transposition des intervalles justes, majeurs, mineurs et augmentés; et enfin la troisième partie traite de la transposition par les intervalles de *Secondes augmentées* et de *Tierces* et *Quartes diminuées*.

PREMIÈRE PARTIE.

Transposition par les demi-tons chromatiques.

Les signes accidentels sont la grande difficulté de la transposition; dans un ton obtenu par la transposition, tel signe monte d'un demi-ton, puis conserve sa propriété ou baisse d'un demi-ton, en un mot, rien n'est connu à l'égard de ces différents signes; nous commençons donc par donner un tableau des deux altérations des signes accidentels.

$$1 \quad 2 \quad 3 \quad 4 \quad 5$$
$$\sharp, \quad \natural, \quad \flat, \quad \times \text{ et } \flat\flat.$$

Ces accidents un demi-ton plus haut donnent:

$$1 \quad 2 \quad 3 \quad 4 \quad 5$$
$$\times, \quad \sharp, \quad \natural, \quad 0 \text{ et } \flat.$$

Ces accidents un demi-ton plus bas donnent:

$$1 \quad 2 \quad 3 \quad 4 \quad 5$$
$$\natural, \quad \flat, \quad \flat\flat, \quad \sharp \text{ et } 0.$$

RÈGLE.

Ceci bien étudié et bien compris, nous disons que pour transposer d'un demi-ton chromatique, c'est à dire sans changer les notes et par conséquent sans changer de clef, les signes accidentels suivent la transposition; si vous montez la transposition d'un demi-ton, vous devrez monter les signes accidentels d'un demi-ton; si vous baissez au contraire la transposition d'un demi-ton, vous devrez baisser les signes accidentels d'un demi-ton.

EXEMPLE:

Cette règle s'appliquera donc dans les transpositions chromatiques suivantes:

	Plus bas.				Plus haut.		
de **SOL** $\natural$	majeur en	**SOL** $\flat$	majeur.	de **FA** $\natural$	majeur en	**FA** $\sharp$	majeur.
» **RÉ** $\natural$	»	» **RÉ** $\flat$	»	» **SI** $\flat$	»	» **SI** $\natural$	»
» **LA** $\natural$	»	» **LA** $\flat$	»	» **MI** $\flat$	»	» **MI** $\natural$	»
» **MI** $\natural$	»	» **MI** $\flat$	»	» **LA** $\flat$	»	» **LA** $\natural$	»
» **SI** $\natural$	»	» **SI** $\flat$	»	» **RÉ** $\flat$	»	» **RÉ** $\natural$	»
» **FA** $\sharp$	»	» **FA** $\natural$	»	» **SOL** $\flat$	»	» **SOL** $\natural$	»
» **DO** $\sharp$	»	» **DO** $\natural$	»	» **DO** $\flat$	»	» **DO** $\natural$	»
» **DO** $\natural$	»	» **DO** $\flat$	»	» **DO** $\natural$	»	» **DO** $\sharp$	»

DEUXIÈME PARTIE.

Transposition des intervalles justes, majeurs, mineurs et augmentés.

RÈGLE DES SIGNES ACCIDENTELS.

Nous venons de voir combien la transposition chromatique est facile pour les signes accidentels, mais il n'en est pas ainsi pour les transpositions qui font changer de clefs, car au lieu d'avoir tous les signes altérés également et sans exception comme on l'a dû remarquer, il n'y en a qu'un certain nombre, c'est ce nombre que nous devons chercher.

RÈGLE.

Lorsqu'on transpose d'un demi-ton diatonique, d'un ton, d'un ton et demi, de deux tons, de deux tons et demi et de trois tons, soit plus haut, soit plus bas, il faut faire la même transposition a partir du ton d'UT ♮, les accidents que cette dernière transposition mettront à la clef seront précisément les signes accidentels que vous devrez monter d'un demi-ton (si ce sont des ♯) ou que vous devrez baisser d'un demi-ton (si ce sont des ♭) dans la transposition demandée.

EXEMPLE.

Je suppose un morceau en MI ♭ qu'on demande à transposer en FA ♮, c'est donc un ton plus haut, je monte alors d'un ton au dessus du ton d'UT ♮ et je trouve RÉ ♮, il y a deux ♯ à la clef, et bien ces deux ♯ qui se nomment FA et DO me serviront à monter d'un demi-ton les accidents devant les notes qui auront ces noms dans la transposition nommée plus haut; il est bien entendu que les signes accidentels qui affectent les autres notes conservent leur propriété.

Le travail suivant fera mieux comprendre la simplicité de cette règle

Transposition d'un ton plus bas.

SECONDES MAJEURES.

de	DO ♭	majeur en	SI ♭	majeur.		
»	SOL ♮	»	»	FA ♮	»	
»	RÉ ♮	»	»	DO ♭	»	
»	LA ♮	»	»	SOL ♮	»	
»	MI ♮	»	»	RÉ ♮	»	
»	SI ♮	»	»	LA ♮	»	
»	FA #	»	»	MI ♮	»	

de	DO #	majeur en	SI ♮	majeur.		
»	FA ♮	»	»	MI ♭	»	
»	SI ♭	»	»	LA ♭	»	
»	MI ♭	»	»	RÉ ♭	»	
»	LA ♭	»	»	SOL ♭	»	
»	RÉ ♭	»	»	DO ♭	»	

Je prends au hasard une de ces transpositions, de La ♮ en Sol ♮; je dis: en Sol ♮ qui est le ton demandé il n'y a qu'un dièse à la clef, je n'aurai donc que le FA à faire dièse pendant la durée du morceau, très bien; mais les signes accidentels qu'en ferais-je? Je baisserai d'un demi-ton ceux qui se trouveront devant les SI et les MI; pourquoi SI et MI plutôt que FA et DO? Parce que SI et MI sont les noms des deux premiers bémols que j'ai obtenus en descendant d'un ton à partir d'UT ♮, ainsi que le dit la règle.

Si je transpose de SI ♭ en LA ♭, j'aurai quatre bémols à la clef, c'est vrai; mais comme signes accidentels à baisser, je n'aurai toujours que SI et MI, parce que j'ai baissé d'un ton à partir d'UT ♮; ainsi de suite pour tous les tons. On doit donc reconnaître que quelque soit le morceau à transposer, on n'aura jamais d'autres signes accidentels à baisser d'un demi-ton que SI et MI, si on transpose d'un ton plus bas.

Transposition d'un demi-ton plus bas.

SECONDES MINEURES.

de FA ♮ majeur en MI ♮ majeur	de SOL ♭ majeur en FA ♮ majeur.
„ SI ♭ „ „ LA ♮ „	„ DO ♭ „ „ SI ♭ „
„ MI ♭ „ „ RÉ ♮ „	„ DO ♮ „ „ SI ♮ „
„ LA ♭ „ „ SOL ♮ „	„ SOL ♮ „ „ FA ♯ „
„ RÉ ♭ „ „ DO ♮ „	„ RÉ ♮ „ „ DO ♯ „

Je prends au hasard une de ces transpositions, de Sol ♭ en Fa ♮, je dis:
en Fa ♮ qui est le ton demandé, il n'y a qu'un bémol à la clef, je n'aurai
donc que le SI à faire bémol pendant la durée du morceau, très bien;
mais les signes accidentels qu'en ferais-je? J'éleverai d'un demi-ton tous
ceux qui se trouveront devant les FA, DO, SOL, RÉ, LA. Pourquoi? Parce que
ce sont les noms des cinq premiers dièses que j'ai obtenus en descendant
d'un demi-ton à partir d'UT ♮, ainsi que le dit la règle.

Prenons encore de RÉ ♭ en DO ♮, je n'aurai rien à la clef; mais comme signes
accidentels à élever, j'aurai toujours FA, DO, SOL, RÉ, LA, parce que j'ai baissé
d'un demi-ton à partir d'UT ♮; je dis élever d'un demi-ton parce que j'ai obtenu des dièses. On doit donc reconnaitre que quelque soit le morceau à
transposer on n'aura jamais d'autres signes accidentels à élever d'un demi-
ton que FA, DO, SOL, RÉ, LA, si on transpose d'un demi-ton plus bas.

Transposition de deux tons plus bas.

TIERCES MAJEURES.

de DO ♮ majeur en LA ♭ majeur.	de SI ♮ majeur en SOL ♮ majeur.
» SOL ♮ » » MI ♭ »	» FA ♯ » » RÉ ♮ »
» RÉ ♮ » » SI ♭ »	» DO ♯ » » LA ♮ »
» LA ♮ » » FA ♮ »	» FA ♮ » » RÉ ♭ »
» MI ♭ » » DO ♮ »	» SI ♭ » » SOL ♭ »
	» MI ♭ » » DO ♭ »

Je prends au hasard une de ces transpositions, de Si ♮ en Sol ♮, je dis: en Sol ♮ qui est le ton demandé, il n'y a qu'un dièse à la clef, je n'aurai donc que le FA à faire dièse pendant la durée du morceau; mais les signes accidentels qu'en ferais-je? je baisserai d'un demi-ton ceux qui se trouveront devant les SI, MI, LA, RÉ. Pourquoi? parce que je fais la même transposition en prenant UT ♮ comme point de départ et je trouve le ton de LA ♭, qui est formé de quatre bémols, lesquels me servent à baisser d'un demi-ton, comme je l'ai dit plus haut, les signes accidentels qui auront les mêmes noms; les autres signes gardent leur propriété, c'est à dire qu'un dièse reste dièse, un bémol reste bémol, etc. etc. De Ré ♮ en Si ♭, j'aurai deux bémols à la clef et comme signes accidentels, j'aurai toujours SI, MI, LA, RÉ, à baisser d'un demi-ton parce qu'en faisant la transposition à partir de DO ♮, j'obtiens toujours SI, MI, LA, RÉ.

EXEMPLE-PRATIQUE.

DEUX TONS PLUS BAS.

Transposition d'un ton et demi plus bas.

TIERCES MINEURES.

de DO ♮ majeur en LA ♮ majeur.	de SI ♭ majeur en SOL ♮ majeur.
» SOL ♮ » » MI ♮ »	» MI ♭ » » DO ♮ »
» RÉ ♮ » » SI ♮ »	» LA ♭ » » FA ♮ »
» LA ♮ » » FA ♯ »	» RÉ ♭ » » SI ♭ »
» MI ♮ » » DO ♯ »	» SOL ♭ » » MI ♭ »
» FA ♮ » » RÉ ♮ »	» DO ♭ » » LA ♭ »

Je prends au hasard une de ces transpositions, de Sol ♮ en Mi ♮, je dis: en Mi ♮ qui est le ton demandé, il y a quatre dièses à la clef, j'aurai donc, FA, DO, SOL, RÉ, à faire dièses, pendant la durée du morceau; mais que ferais-je des signes accidentels? je hausserai d'un demi-ton les signes accidentels qui seront devant les FA, DO, SOL, parce qu'en descendant d'une tierce mineure à partir du ton d'UT ♮, j'obtiens trois dièses à la clef; pourquoi descendre d'une tierce mineure? Parce que la transposition demandée qui est de Sol ♮ en Mi ♮ est composée d'une tierce mineure.

Prenons maintenant de La ♭ en Fa ♮, on a un seul bémol à observer pendant la durée du morceau, qui s'appelle SI, et les signes accidentels sont toujours FA, DO, SOL, à monter d'un demi-ton, parce qu'on les trouve en descendant d'une tierce mineure à partir de Do ♮.

EXEMPLE-PRATIQUE.

UN TON ET DEMI PLUS BAS.

B.

Transposition de trois tons plus bas.

QUARTES AUGMENTÉES.

de DO ♮ majeur en SOL ♭ majeur.	de SI ♮ majeur en FA ♮ majeur.
» SOL ♮ » » RÉ ♭ »	» FA ♯ » » DO ♮ »
» RÉ ♮ » » LA ♭ »	» DO ♯ » » SOL ♮ »
» LA ♮ » » MI ♭ »	» FA ♮ » » DO ♭ »
» MI ♮ » » SI ♭ »	

Je prends au hasard une de ces transpositions, de Mi ♮ en Si ♭, je dis : en Si ♭ qui est le ton demandé, il y a deux bémols à la clef, j'aurai donc, SI et MI à faire bémols pendant la durée du morceau; que ferais-je des signes accidentels? Je baisserai d'un demi-ton ceux qui se trouveront devant les SI, MI, LA, RÉ, SOL, DO; pourquoi? Parce que je fais la même transposition en partant de DO ♮ et cette transposition me met en Sol ♭, qui est formé des six bémols nommés plus haut.

EXEMPLE-PRATIQUE.

TROIS TONS PLUS BAS.

Transposition de deux tons et demi plus bas.

QUARTES JUSTES.

de DO ♮ majeur en SOL ♮ majeur.			de FA ♮ majeur en DO ♮ majeur.		
» SOL ♮	»	» RÉ ♮	»	» SI ♭	»	» FA ♮	»
» RÉ ♮	»	» LA ♮	»	» MI ♭	»	» SI ♭	»
» LA ♮	»	» MI ♮	»	» LA ♭	»	» MI ♭	»
» MI ♮	»	» SI ♮	»	» RÉ ♭	»	» LA ♭	»
» SI ♮	»	» FA #	»	» SOL ♭	»	» RÉ ♭	»
» FA #	»	» DO #	»	» DO ♭	»	» SOL ♭	»

Je prends au hasard une de ces transpositions de Ré ♭ en La ♭, je dis: en La ♭ ton demandé, il y a quatre bémols à la clef, j'aurai donc SI, MI, LA, RÉ, à faire bémols toute la durée du morceau; et les signes accidentels? Je fais la même transposition ayant UT ♮ comme point de départ, ce qui me donne le ton de Sol ♮; en Sol ♮ il y a un FA # à la clef, donc tous les signes accidentels qui seront placés devant un FA seront élevés d'un demi-ton; les autres signes conservent leur propriété.

EXEMPLE-PRATIQUE.

DEUX TONS ET DEMI PLUS BAS.

Transposition d'un ton plus haut.

SECONDES MAJEURES.

de DO ♮ majeur en RÉ ♮ majeur.	de SI ♭ majeur en DO ♮ majeur.
» SOL ♮ » » LA ♮ »	» MI ♭ » » FA ♮ »
» RÉ ♮ » » MI ♮ »	» LA ♭ » » SI ♭ »
» LA ♮ » » SI ♮ »	» RÉ ♭ » » MI ♭ »
» MI ♮ » » FÀ ♯ »	» SOL ♭ » » LA ♭ »
» SI ♮ » » DO ♯ »	» DO ♭ » » RÉ ♭ »
» FA ♮ » » SOL ♮ »	

Je prends au hasard une de ces transpositions, de Fa ♮ en Sol ♮, je dis:
En Sol ♮ qui est le ton demandé, il n'y a qu'un dièse à la clef, je n'aurai alors que le FA à faire dièse toute la durée du morceau; bien, et les
signes accidentels? Comme le dit la règle, je fais la même transposition
que celle demandée en commençant par DO ♮ ce qui me fait trouver le
ton de Ré ♮, lequel ton a deux dièses qui me serviront à élever (puisque
ce sont des ♯) d'un demi-ton les signes accidentels qui seront devant FA
et DO dans la transposition demandée.

EXEMPLE - PRATIQUE.

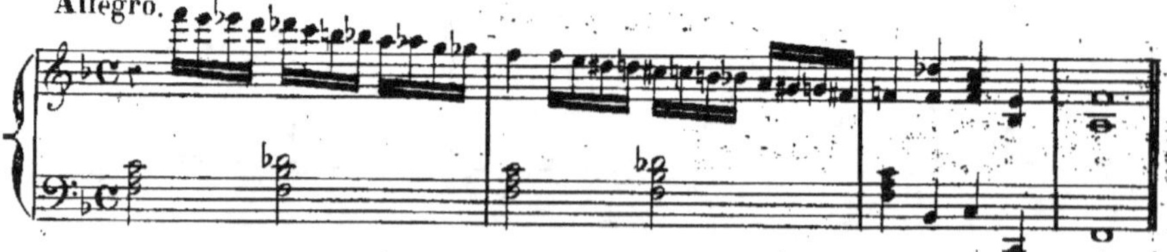

UN TON PLUS HAUT.

Transposition d'un demi-ton plus haut.

SECONDES MINEURES.

de DO ♮ majeur en RÉ ♭ majeur.	de SI ♮ majeur en DO ♮ majeur.
» SOL ♮ » » LA ♭ »	» FA ♯ » » SOL ♮ »
» RÉ ♮ » » MI ♭ »	» FA ♮ » » SOL ♭ »
» LA ♮ » » SI ♭ »	» SI ♭ » » DO ♭ »
» MI ♮ » » FA ♮ »	

Je prends au hasard une de ces transpositions, de Fa ♯ en Sol ♮, je dis: En Sol ♮ ton demandé, il y a un dièse à la clef à observer pendant la durée du morceau; quand aux signes accidentels je monte d'un demi-ton, en commençant par DO ♮, ce qui me fait trouver le ton de Ré ♭, lequel ton a cinq bémols; ces cinq bémols qui se nomment SI, MI, LA, RÉ, SOL, me feront baisser d'un demi-ton, dans la transposition demandée, les signes accidentels qui se trouveront devant les SI, MI, LA, RÉ, SOL.

EXEMPLE-PRATIQUE.

Transposition de deux tons plus haut.

TIERCES MAJEURES.

de DO ♮ majeur en MI ♮ majeur.	de MI ♭ majeur en SOL ♮ majeur.
» SOL ♮ » » SI ♮ »	» LA ♭ » » DO ♮ »
» RÉ ♮ » » FA ♯ »	» RÉ ♭ » » FA ♮ »
» LA ♮ » » DO ♯ »	» SOL ♭ » » SI ♭ »
» FA ♮ » » LA ♮ »	» DO ♭ » » MI ♭ ».
» SI ♮ » » RÉ ♮ »	

Je prends au hasard une de ces transpositions, de Si ♭ en Ré ♮, je dis: En Ré ♮ qui est le ton demandé, il y a deux dièses, j'aurai donc **FA** et **DO** à faire dièses pendant la durée du morceau; bien, et les signes accidentels? La règle dit de faire la même transposition que celle demandée, mais en commençant par DO ♮; faisons-le et nous trouvons le ton de Mi ♮, lequel ton est formé de quatre dièses se nommant **FA, DO, SOL, RÉ,** ces quatre dièses me feront hausser d'un demi-ton les signes accidentels qui se nommeront de même dans la transposition demandée.

Transposition d'un ton et demi plus haut.

TIERCES MINEURES.

de DO ♮ majeur en MI ♭ majeur.	de FA ♯ majeur en LA ♮ majeur.
„ SOL ♮ „ „ SI ♭ „	„ DO ♯ „ „ MI ♮ „
„ RÉ ♮ „ „ FA ♮ „	„ FA ♮ „ „ LA ♭ „
„ LA ♮ „ „ DO ♮ „	„ SI ♭ „ „ RÉ ♭ „
„ MI ♮ „ „ SOL ♮ „	„ MI ♭ „ „ SOL ♭ „
„ SI ♮ „ „ RÉ ♮ „	„ LA ♭ „ „ DO ♭ „

Je prends au hasard une de ces transpositions, de Mi ♮ en Sol ♮, je dis:
En Sol ♮ qui est le ton demandé, il y a un dièse à la clef, j'aurai donc FA
à observer pendant la durée du morceau. Quant aux signes accidentels, pour
savoir ceux qui seront altérés, je fais la même transposition ayant DO ♮ comme point de départ, ce qui me fait le ton de Mi ♭, en Mi ♭ il y a trois bémols qui se nomment SI, MI, LA, donc je baisserai d'un demi-ton les signes accidentels qui se nommeront SI, MI, LA. Il est toujours convenu que
les autres signes (qui ne correspondent pas aux accidents qui forment la
transposition en partant d'UT ♮,) ne changent point.

Transposition de trois tons plus haut.

QUARTES AUGMENTÉES.

de DO ♮ majeur en FA ♯ majeur	de LA ♭ majeur en RÉ ♮ majeur
» SOL ♮ » » DO ♯ »	» RÉ ♭ » » SOL ♮ »
» FA ♮ » » SI ♮ »	» SOL ♭ » » DO ♮ »
» SI ♭ » » MI ♮ »	» DO ♭ » » FA ♮ »
» MI ♭ » » LA ♮ »	

Je prends au hasard une de ces transpositions, de Sol ♭ en Do ♮, je dis : En Do ♮ il n'y a rien à la clef, je n'ai donc aucun accident à observer pendant la durée du morceau ; bien, mais les signes accidentels à élever d'un demi-ton seront, FA, DO, SOL, RÉ, LA, MI, parce qu'en faisant la même transposition à partir d'UT ♮, cela me donne le ton de FA ♯ qui a six dièses à la clef, lesquels six dièses me servent, je le répète, à élever d'un demi-ton, les signes accidentels qui auront ces noms dans la transposition demandée.

EXEMPLE - PRATIQUE.

Transposition de deux tons et demi plus haut.

QUARTES JUSTES.

de DO ♮ majeur en FA ♮ majeur.	de DO ♯ majeur en FA ♯ majeur.
» SOL ♮ » » DO ♮ »	» FA ♮ » » SI ♭ »
» RÉ ♮ » » SOL♮ »	» SI ♭ » » MI ♭ »
» LA ♮ » » RÉ ♮ »	» MI ♭ » » LA ♭ »
» MI ♮ » » LA ♮ »	» LA ♭ » » RÉ ♭ »
» SI ♮ » » MI ♮ »	» RÉ ♭ » » SOL♭ »
» FA ♯ » » SI ♮ »	» SOL ♭ » » DO ♭ »

Je prends au hasard une de ces transpositions, de La ♭ en Ré ♭, je dis:
En Ré ♭ ton demandé, il y a cinq bémols à la clef, j'aurai donc cinq bémols à observer pendant la durée du morceau, quand aux signes accidentels je n'aurai que le SI à baisser d'un demi-ton parce que je monte d'une
quarte juste à partir de DO ♮ ce qui me donne le ton de Fa ♮ et en Fa ♮
il n'y a qu'un bemol à la clef qui est SI, cē sont donc les signes accidentels qui se trouveront devant les SI que je baisserai d'un demi-ton dans
la transposition demandée.

EXEMPLE-PRATIQUE.

DEUX TONS ET DEMI PLUS HAUT.

Si la règle répétée à chaque transposition, ainsi que les exemples, ne suf-
fisaient pas encore, je propose comme étude une gamme chromatique for-
mée de dièses et de bémols; on verra, comme dans les exemples, que les
signes accidentels à baisser ou à élever d'un demi-ton, ont les mêmes noms
que les accidents qui forment la tonalité trouvée par le ton d'UT ♮.

TROISIÈME PARTIE.

Transposition des intervalles de Secondes augmentées, et de Tierces et Quartes diminuées.

RÈGLE DES SIGNES ACCIDENTELS.

Ces transpositions sont heureusement rares, et beaucoup d'entr'elles peuvent se simplifier en prenant l'enharmonique du ton demandé; nous allons donner une règle pour celles de ces transpositions qui ne souffrent pas l'enharmonique; celles qui peuvent se simplifier auront une note explicative.

RÈGLE.

Lorsqu'on transpose d'une seconde augmentée, d'une tierce diminuée ou d'une quarte diminuée, il faut faire la même transposition ayant UT ♮ comme point de départ, mais sans altérer les intervalles; ainsi la transposition d'une seconde augmentée se fera à partir d'UT ♮ comme une seconde majeure; la transposition d'une tierce diminuée se fera à partir d'UT ♮ comme une tierce mineure et la transposition d'une quarte diminuée se fera à partir d'UT ♮ comme une quarte juste; les accidents que ces différentes transpositions mettront à la clef par le ton d'UT ♮ seront les signes accidentels que l'on devra monter ou baisser *d'un ton* selon que le ton d'UT ♮ aura donné des ♯ ou des ♭. Les autres signes accidentels qui ne correspondent pas aux accidents trouvés par le ton d'UT ♮, doivent monter ou descendre *tous* d'un demi-ton, selon que le ton d'UT ♮ aura donné des ♯ ou des ♭.

EXEMPLE.

Je suppose un morceau en Si ♮ qu'on demande à transposer en La ♭, c'est donc une seconde augmentée plus bas, je dis: En La ♭ ton demandé, il y a quatre bémols à observer pendant la durée du morceau, puis je descends d'un ton à partir du ton d'UT ♮ comme si la transposition était de Si ♮ en La ♭, ce qui me donne à la clef SI et MI, ces SI et MI seront les signes accidentels que je baisserai *d'un ton*; les autres signes accidentels baisseront d'un demi-ton ayant trouvé des bémols.

Je donne le tableau de ces transpositions avec leurs enharmoniques.

Transposition d'une Seconde augmentée.

Plus bas.			Plus haut.		
de RÉ ♮ majeur en DO ♭ majeur.(1)			de SI ♭ majeur en DO ♯ majeur.(4)		
» LA ♮ » » SOL ♭ » (2)			» MI ♭ » » FA ♯ » (5)		
» MI ♮ » » RÉ ♭ » (3)			» LA ♭ » » SI ♮ » (6)		
» SI ♮ » » LA ♭ »			» RÉ ♭ » » MI ♮ »		
» FA ♯ » » MI ♭ »			» SOL ♭ » » LA ♮ »		
» DO ♯ » » SI ♭ »			» DO ♭ » » RÉ ♮ »		

(1) Il est préférable de prendre l'enharmonique de Do ♭ qui est Si ♮ ce qui fait la transposition d'une tierce mineure plus bas.(Voir la 2ᵉ Partie)

(2) Prenez l'enharmonique de Sol ♭ qui est Fa ♯; alors une tierce mineure plus bas.(Voir la 2ᵉ Partie)

(3) Prenez l'enharmonique de Ré ♭ qui est Do ♯; alors une tierce mineure plus bas.(Voir la 2ᵉ Partie)

(4) Prenez l'enharmonique de Do ♯ qui est Ré ♭, ce qui fait la transposition d'une tierce mineure plus haut.(Voir la 2ᵉ Partie)

(5) Prenez l'enharmonique de Fa ♯ qui est Sol ♭; alors une tierce mineure plus haut.(Voir la 2ᵉ Partie)

(6) Prenez l'enharmonique de Si ♮ qui est Do ♭; alors une tierce mineure plus haut.(Voir la 2ᵉ Partie)

Je prends au hasard une de ces transpositions qui n'ont pas d'enharmoniques, de Ré ♭ en Mi ♮, j'aurai quatre dièses à observer pendant la durée du morceau; je monte *d'un ton* à partir d'UT ♮ ce qui me donne à la clef deux dièses, ces deux dièses qui sont FA et DO monteront *d'un ton* dans la transposition demandée; tous les autres signes monteront d'un *demi-ton.*

EXEMPLE – PRATIQUE.

UNE SECONDE AUGMENTÉE PLUS BAS.

Transposition d'une Tierce diminuée.

Plus bas.			Plus haut.		
de DO ♭ majeur en LA ♮ majeur.			de LA ♮ majeur en DO ♭ majeur. (4)		
» SOL ♭	» MI ♮	»	» MI ♮	» SOL ♭	» (5)
» RÉ ♭	» SI ♮	» (1)	» SI ♮	» RÉ ♭	» (6)
» LA ♭	» FA ♯	» (2)	» FA ♯	» LA ♭	»
» MI ♭	» DO ♯	» (3)	» DO ♯	» MI ♭	»

(1) Il est préférable de prendre l'enharmonique de Si ♮ qui est Do ♭; alors un ton plus bas. (Voir la 2ᵉ Partie)

(2) Prenez l'enharmonique de Fa ♯ qui est Sol ♭, alors un ton plus bas. (Voir la 2ᵉ Partie)

(3) Prenez l'enharmonique de Do ♯ qui est Ré ♭; alors un ton plus bas. (Voir la 2ᵉ Partie)

(4) Prenez l'enharmonique de Do ♭ qui est Si ♮; alors la transposition un ton plus haut. (Voir la 2ᵉ Partie)

(5) Prenez l'enharmonique de Sol ♭ qui est Fa ♯; alors un ton plus haut. (Voir la 2ᵉ Partie)

(6) Prenez l'enharmonique de Ré ♭ qui est Do ♯; alors un ton plus haut. (Voir la 2ᵉ Partie)

Je prends au hasard une de ces transpositions qui n'ont pas d'enharmoniques; de Sol ♭ en Mi ♮, ce qui me donne quatre dièses à la clef, la règle dit de faire la même transposition ayant UT ♮ comme point de départ, à l'exception qu'il faut considérer (dans ces transpositions) les intervalles comme s'ils n'étaient pas altérés, je descends donc d'une tierce mineure, à partir de DO ♮, ce qui me donne trois dièses, qui s'appellent FA, DO, SOL, ce sont donc les signes accidentels qui se trouveront devant les FA, DO, SOL, que je monterai *d'un ton*; tous les autres signes accidentels monteront d'un *demi-ton*.

EXEMPLE - PRATIQUE.

UNE TIERCE DIMINUÉE PLUS HAUT.

Transposition d'une Quarte diminuée.

Plus bas.		Plus haut.	
de DO ♭ majeur en SOL ♮ majeur.		de SOL ♮ majeur en DO ♭ majeur. (4)	
» SOL ♭ » » RÉ ♮ »		» RÉ ♮ » » SOL ♭ » (5)	
» RÉ ♭ » » LA ♮ »		» LA ♮ » » RÉ ♭ » (6)	
» LA ♭ » » MI ♮ »		» MI ♮ » » LA ♭ »	
» MI ♭ » » SI ♮ » (1)		» SI ♮ » » MI ♭ »	
» SI ♭ » » FA ♯ » (2)		» FA ♯ » » SI ♭ »	
» FA ♮ » » DO ♯ » (3)		» DO ♯ » » FA ♮ »	

(1) Il est préférable de prendre l'enharmonique de Si♮ qui est Do♭, ce qui fait alors la transposition d'une tierce majeure plus bas. (Voir la 2ᵉ Partie)

(2) Prenez l'enharmonique de Fa♯ qui est Sol♭; alors une tierce majeure plus bas. (Voir la 2ᵉ Partie)

(3) Prenez l'enharmonique de Do♯ qui est Ré♭, alors une tierce majeure plus bas. (Voir la 2ᵉ Partie)

(4) Prenez l'enharmonique de Do♭ qui est Si♮, ce qui fait la transposition d'une tierce majeure plus haut. (Voir la 2ᵉ Partie)

(5) Prenez l'enharmonique de Sol♭ qui est Fa♯; alors une tierce majeure plus haut. (Voir la 2ᵉ Partie)

(6) Prenez l'enharmonique de Ré♭ qui est Do♯; alors une tierce majeure plus haut. (Voir la 2ᵉ Partie)

Je prends au hasard une de ces transpositions qui n'ont pas d'enharmoniques, de MI ♮ en LA ♭, j'aurai quatre bémols à observer pendant la durée du morceau; la règle dit de faire la transposition semblable en partant d'UT ♮, je monte donc d'une quarte juste et je trouve FA ♮ qui me donne SI ♭, c'est ce SI que je baisserai *d'un ton* chaque fois qu'un signe accidentel se trouvera devant; tous les autres signes descendent d'un *demi-ton*.

EXEMPLE-PRATIQUE.

UNE QUARTE DIMINUÉE PLUS BAS.

On vient de reconnaitre que pour les transpositions des intervalles diminués ou augmentés, on fait encore (comme dans la 2ᵉ partie) la transposition ayant UT ♮ pour point de départ (et la faisant avec des intervalles justes) avec la différence que ce que l'on trouve fait monter *d'un ton* ou baisser *d'un ton* les notes qui correspondent aux mêmes noms; les autres signes quels qu'ils soient montent ou descendent *d'un demi-ton*, selon que la transposition à partir d'UT ♮ a donné des dièses ou des bémols.

On fait rarement, pour ne pas dire jamais, ces transpositions; cependant j'ai crû nécessaire d'en parler pour que ce petit traité soit complet.

Maintenant, je tiens à prouver que pour les transpositions de la deuxième Partie, les changements de ton, les enharmoniques et les signes accidentels placés inutilement, ne devront nullement gêner l'artiste qui transpose.

Moderato.

19
20
21
22
23
24
25
26
27
28
29
30
31
32
33
34
35
36
37
38
39
40
41
42
43
44
45
46
47
48
49
50
51
52

Moderato.
Mor.
morceau
un ton plus
bas.
legato.
1
2
3
4
5
6
7
8
9
10
11
12
13
14
15
16
17
18
(FIN)
Moderato.
19
20
21
22
23
24
25
26
27
28
29
30

Le morceau est baissé d'un ton, la règle indique de faire la même transposition à partir d'UT ♮, donc un ton plus bas que DO ♮ nous donne SI ♭,
ce dernier ton est formé de deux bémols qui se nomment SI et MI, nous
ne devons donc pas avoir dans le morceau transposé d'autres signes accidentels
baissés d'un demi-ton que SI et MI.

Quand au changement de ton rien de plus simple ; si le morceau com-
mençait à la 19me mesure du premier morceau et qu'il faille le transposer
un ton plus bas, il faudrait faire la même transposition ayant UT ♮ comme
point de départ, ce qui doit nous donner toujours SI et MI ; donc un morceau changerait-il dix fois de ton, les signes accidentels à altérer seront ab-
solument les mêmes que si le morceau n'avait qu'une tonalité.

—(FIN)—

———(Paris, Imprim: V.ᵉ BOUCHARD, rue S.ᵗ Lazare, 18)——— (Baudi.. Grav:)

Monsieur

J'ai examiné avec attention l'ouvrage sur la transposition que vous m'avez adressé. Je le trouve fort bien traité; je pense qu'il est appelé à rendre de vrais services et qu'il obtiendra un grand et très réel succès.

Veuillez agréer, monsieur, avec mes remerciments, l'expression de mes sentiments distingués.

G. ROSSINI.

Paris, ce 20 Novembre, 1861.

9 782329 301440